PROGRAMME

DE

DROIT COMMERCIAL

PAR

G. BOURCART

Professeur de Droit commercial
à la Faculté de Droit de l'Université de Nancy
et à l'Ecole supérieure de Commerce,

NANCY

IMPRIMERIE NANCÉIENNE, 15, RUE DE LA PÉPINIÈRE

1897

PROGRAMME

DE

DROIT COMMERCIAL

PAR

G. BOURCART

Professeur de Droit commercial
à la Faculté de Droit de l'Université de Nancy
et à l'Ecole supérieure de Commerce,

NANCY

IMPRIMERIE NANCÉIENNE, 15, RUE DE LA PÉPINIÈRE

1897

Ce programme m'a été demandé pour l'Ecole supérieure de Commerce de Nancy. Il facilitera la tâche de mes élèves et indiquera en même temps aux examinateurs l'ensemble des questions qui auront été traitées au cours. Comme l'essence du droit ne varie pas, malgré la différence des angles sous lesquels on l'envisage, et que l'ordre, qui a paru préférable dans un cas, demeure logique dans un autre, j'estime que ce programme pourra aussi rendre des services à mes étudiants de la Faculté de droit (1). *Evidemment les proportions des développements et l'esprit même des explications seront très dissemblables à l'Ecole de Commerce et à la Faculté. Mais cette dissemblance ne peut se révéler dans le programme : elle apparaîtra dans l'enseignement. Évidemment encore la coexistence de cours sur des matières voisines conduira à simplement effleurer certaines questions, traitées par d'autres professeurs. Les étudiants de l'un et l'autre*

(1) Quelques points ont été mentionnés sous la pression des programmes officiels de l'Ecole de Commerce. Ces points, généralement relatifs aux législations étrangères, et offrant d'ailleurs tous de l'intérêt, sont en trop petit nombre pour que je les signale.

établissement ne seront exposés à aucune surprise, grâce à l'ensemble des programmes qu'ils possèdent. Dans les cas les plus importants, j'ai placé entre crochets simples les explications qui seront données uniquement à l'Ecole de Commerce, et entre crochets doubles celles qui seront données uniquement à la Faculté.

Le programme, que je présente, n'a aucunement la prétention d'être irréprochable, encore moins définitif. Le droit commercial se modifie journellement ; la perfection même aurait besoin de retouches, après un certain temps. Mon cher et vénéré maître Rataud, à qui je rappelais son cours, que j'avais eu autrefois le privilège de suivre, me répondait : « Oh ! mais je l'ai bien changé depuis. » — On m'obligera, en me signalant les lacunes et les défectuosités du programme actuel, et les changements qui contribueraient à le rendre meilleur.

Octobre 1897.

PROGRAMME

DU

COURS DE DROIT COMMERCIAL

[PREMIÈRE ANNÉE]

INTRODUCTION GÉNÉRALE

Du caractère général du commerce et du droit commercial.

De la signification du mot « commerce » ; *Réalité* du droit commercial. — Raisons pour lesquelles le commerce est régi par un droit spécial. — Caractère du droit commercial.

Eléments du droit commercial ; lois commerciales ; usages commerciaux ; lois civiles,

Esquisse historique du droit commercial ; 1) période d'origine ; 2) période de codification antérieure au Code de commerce ; 3) période du Code de commerce et des lois postérieures,

Représentation commerciale ; conseil supérieur du commerce et de l'industrie ; Chambres de commerce ; projet de création de Chambres de navigation ; Chambres consultatives des arts et manufactures ; consuls.

Législation commerciale statutaire ou coutumière des pays étrangers. Divergences entre les législations commerciales. Influence Française et influence Germanique. De l'unification du droit commercial ; résultats partiels obtenus en ce sens. Conventions diplomatiques ; congrès.

PREMIÈRE PARTIE

DES ACTES DE COMMERCE & DES CONTRATS COMMERCIAUX

CHAPITRE Ier.

Des actes de commerce.

L'idée de spéculation est le fondement du caractère commercial ; différents degrés d'actes commerciaux.

Commentaire des articles 632 et ss code com. : achats pour revendre (denrées et marchandises ; spéculation sur les immeubles) ; entreprises diverses, assurances, etc.

Théorie de l'accessoire ; son application aux quasi-contrats, délits ou quasi-délits.

Cautionnement des obligations commerciales.

Actes semi-commerciaux, pour lesquels la loi édicte la compétence commerciale, art. 634, code com.

Actes mixtes.

Intérêt de la distinction des actes commerciaux et non commerciaux :

1) Juridiction. *a*) Compétence ratione ma-

teriæ. — De l'incompétence respective des tribunaux de commerce et des tribunaux civils. Actes mixtes. *b*) Compétence ratione personæ; compétence en vertu de l'art. 420 proc. civ.

2) Preuve. [Droit civil et] art. 109 code com. Le principe et les différents moyens de preuve : actes authentiques, actes sous-seing privé; foi due aux registres des commerçants, soit contre eux, soit en leur faveur; factures, correspondances, bordereaux; actes ordinaires sous-seing privé; dérogation à certaines exigences du droit civil (art. 1326, 1325, 1328 du code civ.).

Autres intérêts de la distinction.

CHAPITRE II.

Des contrats commerciaux.

SECTION Ire. — *De la vente et du contrat de commission.*

[De la vente en droit civil. Définition. Eléments de la vente. Prescriptions relatives aux personnes qui y participent et aux choses qui en sont l'objet. Effets de la vente : obligations du vendeur, spécialement de la garantie pour éviction et pour vices cachés; obligations de l'acheteur. Comparaison de la vente et de l'échange.]

1) Formation de la vente. Vente décomposée en offre et demande. Vente par correspondance.

Vente par intermédiaires. Différentes sortes d'intermédiaires.

a) Des préposés.

b) Des intermédiaires indépendants.

α) Des commissionnaires. [Du mandat en droit civil.] Définition de la commission; sa distinction d'avec le mandat. Différentes espèces de commissionnaires. Leur rôle; leurs obligations, leur responsabilité; leurs garanties.

β) Des courtiers. Distinction des courtiers et des commissionnaires. Courtiers de marchandises et autres. Monopole des courtiers; liberté du courtage des marchandises, en vertu de la loi du 18 juillet 1866.

2) Effets de la vente.

a) Transfert de la propriété; moment où il s'opère, et conditions de ce transfert. Des risques.

b) Obligations réciproques :

α) A la charge du vendeur. De la livraison; de la conformité à l'échantillon; des vices cachés. Des dommages-intérêts qui peuvent être dus par le vendeur.

β) A la charge de l'acheteur : prise de livraison et règlement du prix.

3) Des espèces particulières de ventes commerciales : ventes à livrer, à primes, par filières ; ventes maritimes ; ventes publiques de marchandises (en gros et en détail).

SECTION II. — *Du gage commercial.*

[Des droits des créanciers contre leurs débiteurs; de leur concours et des sûretés personnelles et réelles. Cautionnement en droit civil. Du nantissement (renvoi). Des privilèges et hypothèques.

Privilèges généraux. Privilèges spéciaux sur les meubles. Privilèges spéciaux sur les immeubles. Conservation des privilèges. Des hypothèques ; caractères ; biens susceptibles d'hypothèque. Différentes sortes d'hypothèques. De la spécialité et de la publicité des hypothèques. Du droit de préférence et du droit de suite. De l'extinction des hypothèques.]

[Du gage civil. Constitution. Réalisation.]

Loi du 23 mai 1863. Simplifications apportées au code civil, au point de vue : *a*) de la constitution du gage ; différentes sortes de gages commerciaux ; *b*) de la réalisation.

Magasins généraux. Loi du 28 mai 1858.

Récépissé et Warrant. Leur rôle et leur utilité ; spécialement des droits du porteur du récépissé seul ou du warrant seul. Règlementation des magasins généraux.

Section III. — *Du contrat de transport et spécialement du transport par chemin de fer.*

[Louage d'industrie et dépôt en droit civil.] Définition et caractères du contrat de transport. Voituriers et commissionnaires de transport.

Obligations engendrées par le contrat de transport à la charge du voiturier, du commissionnaire de transport, de l'expéditeur, du destinataire :

a) Au début du transport.

b) Pendant l'exécution du transport (droit de disposer des marchandises en cours de route).

c) A l'arrivée. Privilège du voiturier. Responsabilité des voituriers et commissionnaires de transport. Cas de responsabilité. De la fixation des dommages-intérêts. Différence entre voituriers et commissionnaires de transport. Responsabilité du croire du commissionnaire de transport ; commissionnaire initial et commissionnaires subséquents. Moyens conventionnels et légaux d'atténuer la responsabilité des transporteurs. Clauses d'irresponsabilité et clauses limitatives de responsabilité. Fin de non recevoir de l'art. 105, code com. Prescription de l'art. 108, code com. Loi du 11 avril 1888. Compétence dans le cas d'actions intentées par ou contre les entrepreneurs de transport.

Transports internationaux. Convention de Berne du 14 octobre 1890; loi du 29 décembre 1891 et décret du 25 novembre 1892.

Dispositions générales. Portée d'application de la convention.

Formation du contrat de transport ; obligations respectives au début, pendant le transport et à l'arrivée. Responsabilité des administrations de chemins de fer. De l'intérêt à la livraison. Moyens conventionnels ou légaux d'atténuer ou de supprimer la responsabilité des administrations de chemins de fer. Compétence.

[[Des tarifs de chemins de fer. Fixation des tarifs ; homologation ; égalité des tarifs. Classification des tarifs. Tarifs professionnels et différentiels (prix kilométrique, prix ferme). Tarifs légaux ou maxima ; tarifs exceptionnels. Tarifs d'application. Tarifs généraux ; tarifs spéciaux. Tarifs communs, internes ou internationaux. Tarifs de transit, d'importation ou d'exportation.]]

Transports par la poste.

Section IV. — *Du contrat de société.*

(Renvoi au Chapitre II de la 2e partie.)

CHAPITRE III.

Des instruments des contrats commerciaux.

Section Ire. — *Effets de commerce.*

1) Le contrat de change et la lettre de change.

Change manuel et change tiré. [[Du cours des lettres de change.]] Utilité des lettres de change : 1) pour réaliser le contrat de change, 2) comme instrument de paiement et de compensation, 3) comme instrument de crédit. Système du code de commerce. Loi du 7 juin 1894. Des effets de commerce à l'étranger, notamment d'après les lois allemande, anglaise et scandinave.

§ Ier. — Création de la lettre de change :

Mentions obligatoires. Exigences de la loi sur : la remise de place en place, la clause à ordre, la provision. Date de la création et échéances de la lettre de change. Mentions facultatives. Spécialement, des lettres de change à l'ordre du tireur, des exemplaires multiples, des traites documentaires, du tirage pour compte d'autrui.

Des irrégularités dans la confection des lettres de change. Omission; supposition. De l'incapacité des mineurs et des femmes en matière de lettres de change.

Droit fiscal; loi du 5 juin 1850.

§ II. — Du fonctionnement de la lettre de change :

1) Acceptation de la lettre de change. Cas dans lesquels cette acceptation est réclamée; comment elle est réalisée. Ses effets; présomption de l'art. 117 code com. Refus d'acceptation et protêt faute d'acceptation. Droit du porteur, au cas de refus d'acceptation, également au cas de faillite de l'accepteur. Acceptation des lettres de change à vue. Acceptation par intervention.

2) Aval des lettres de change.

3) Endossement. De la cession et de la négociation.

a) Endossement translatif de propriété.

[Cession de créances en droit civil. Formes; effets.]

Forme de l'endossement. Comparaison avec le droit civil. De l'antidate des ordres.

Effets de l'endossement. Garantie due par le cédant ; solidarité des cédants successifs ; endossement à forfait et sans garantie. Moyens de défense opposables par le débiteur cédé ; conditions et portée de la règle *exceptio quæ obstabat giranti non obstat giratario*. Endossement après l'échéance.

b) Endossement de procuration ; ses différentes formes. Système du Code sur l'endossement irrégulier. Portée de la présomption légale qui assimile l'endossement irrégulier à un endossement de procuration. Endossement en blanc. Situation du cessionnaire en vertu d'un endossement de procuration.

Du recouvrement des effets de commerce par l'administration des postes en France, en Allemagne et en Belgique.

c) Endossement de garantie.

§ III. — Echéance des lettres de change ; droits et devoirs au porteur à l'échéance :

Paiement. Dérogation aux règles ordinaires du paiement en droit civil. De l'opposition au paiement et des droits du porteur sur la provision.

Perte des lettres de change.

Paiement par intervention.

Refus de paiement et protêt faute de paiement. Formalités des protêts. Recours du porteur contre les différents signataires ; solidarité de l'article 140 du Code de commerce. Déchéance du porteur négligent (ou des endosseurs). Sa situation vis-à-vis du tiré, des endosseurs et du tireur. Clause « retour sans frais ». Retraite et rechange.

§ IV. — Prescription libératoire de l'article 189, Code com. :

Cas d'application ; caractère de la prescription. Point de départ de la prescription ; suspension, interruption simple et novatoire.

2) Le billet à ordre ; sa forme. Comparaison avec la lettre de change ; ressemblances ; différences. Le billet à domicile.

3) Les chèques. Banques de dépôt et chambres de compensation. La loi du 14 juin 1865.

Définition et mentions. Caractère propre du chèque d'être un instrument de retrait et de paiement. Droits et devoirs du porteur d'un chèque.

4) L'accréditif.

SECTION II. — *Opérations de banque et de bourse.*

1) Opérations de banque. Généralités sommaires sur les banques. Opérations des banques. [Le prêt en droit civil]. L'escompte,

L'ouverture de crédit. Le compte courant. [[Procédés d'établissement ; méthodes directe et inverse.]] Utilité, caractère et effets juridiques du compte courant.

2) Opérations de bourse. Généralités sur les Bourses de commerce.

Des différentes sortes de négociation, suivant le degré de l'intention de spéculation. [[Marchés au comptant et à terme, fermes et à prime.]] Légalité des marchés à terme. Le jeu et le pari en droit civil. Loi du 28 mars 1885 : sa portée.

[[Le report. Son utilité et son caractère juridique.]]

Réglementation et exécution des marchés de bourse ; décret du 7 octobre 1890.

Intermédiaires des négociations de bourse. Agents de change. Constitution des compagnies d'agents de change. Attributions. Monopole.

Appendice Ier. — Impôts sur les valeurs de bourse. Timbre, droit de transmission ; impôt sur les opérations de bourse ; impôt sur le revenu. Titres étrangers.

Appendice II. — De la perte des titres. Loi du 15 juin 1872. Opposition à négociation et à paiement. Conditions pour obtenir le paiement ou un duplicata.

CHAPITRE IV

Juridiction commerciale et procédure (1).

Organisation des tribunaux de commerce; électorat et éligibilité. Compétence (renvoi au chapitre Ier de la 1re partie). [Procédure devant les tribunaux de commerce. Loi du 5 mars 1895]. Tribunaux de commerce à l'Étranger. Pouvoirs judiciaires des Consuls.

Des Conseils de prud'hommes.

---

(1) La place logique de ce chapitre est ici, en raison de la réalité du caractère commercial. Mais des motifs pratiques de distribution des matières le font reporter à la 2e année du cours de l'Ecole de commerce. A la Faculté de droit, l'existence du cours de procédure permet de borner ce chapitre pour ainsi dire à un renvoi.

[DEUXIÈME ANNÉE]

DEUXIÈME PARTIE

DES COMMERÇANTS

CHAPITRE Ier.

Des commerçants en général.

Généralités sur les commerçants dans les principales nations marchandes. De l'immatriculation aux registres de commerce.

Conditions pour être commerçant en France. Les incapables ; le mineur ; habilitation ; sa portée ; l'interdit ; les personnes munies d'un conseil judiciaire ; la femme mariée ; de l'autorisation et de ses effets quant à la femme et quant au mari, suivant les différents régimes de mariage.

Intérêts qu'il y a à distinguer les commerçants des non commerçants. Obligations imposées aux commerçants :

1) De tenir des livres [[Livres obligatoires, facultatifs. Comptabilité en partie simple et en parties doubles.]] Production en justice des livres des commerçants ; communication ; représentation.

2) De publier leur régime matrimonial. Publicité des contrats de mariage, des séparations de biens et divorces.

CHAPITRE II

Des sociétés de commerce.

SECTION Ire.

Notions générales sur les sociétés. Double signification du mot.

Définition du contrat de société. Eléments constitutifs ; consentement ; objet ; capacité.

Classifications des sociétés. Distinction des sociétés civiles et des sociétés commerciales ; sociétés civiles à formes commerciales. Intérêt de cette distinction. Personnalité morale des sociétés.

SECTION II.

Sociétés par intérêts.

Société en nom collectif : ses caractères ; son fonctionnement ; ses effets.

Société en commandite par intérêts : caractères et éléments constitutifs ; fonctionnement ; spécialement de l'interdiction d'immixtion de commanditaire.

SECTION III.

Distinction de l'intérêt et de l'action.

Sociétés par actions. Commandite par

actions ; société anonyme. Historique. Remaniements législatifs. Comparaison des deux sortes de sociétés. Droit comparé ; spécialement droit anglais.

Des actions. Leur nature. Catégories différentes d'actions (actions de capital, d'apport, etc.). Droits des actionnaires. Coupons d'intérêt et de dividende (actions de capital, de jouissance) ; amortissement des actions. Devoirs des actionnaires.

Des obligations. Obligations à prime ou à lot. Du reproche d'usure et de loterie. Amortissement des obligations. Comparaison des actions et des obligations.

Section IV.

Dispositions générales de la loi du 24 juillet 1867, remaniée le 1er août 1893.

1) Constitution des sociétés par actions : Montant des apports, souscription, versement, déclaration devant notaire ; apports en nature et avantages particuliers.

2) De la conversion au porteur et de la négociabilité des actions. Responsabilité au cas d'appels de fonds.

Sanction des prescriptions de la loi : *a*) nullité ; *b*) responsabilité pécuniaire ; *c*) responsabilité pénale.

Section V.

Fonctionnement des sociétés par actions. Rouages qui y participent. Gérants et administrateurs ; conseils de surveillance et commissaires de surveillance ; assemblées générales.

Commandite par actions. Gérant, conseil de surveillance. Leur responsabilité ; spécialement de la distribution de dividendes fictifs. Assemblées d'actionnaires, constitutives, ordinaires, extraordinaires.

Société anonyme. Administrateurs, commissaires de surveillance. Leur responsabilité ; spécialement, responsabilité des administrateurs envers les tiers et envers les associés. Action sociale et action individuelle. Assemblées d'actionnaires. Conditions exigées par la loi pour qu'elles puissent prendre des délibérations valables : Assemblées constitutives, ordinaires, extraordinaires. Modifications statutaires.

Section VI.

Publicité des sociétés de commerce ; *a*) au début de la société ; *b*) pendant sa durée ; *c*) à la dissolution. Sanction de ces prescriptions.

Section VII.

Dissolution des sociétés. Divers cas de dissolution. Effets de la dissolution. Liquidation. Nomination et rôle des liquidateurs. Partage.

Prescription quinquennale de l'art. 64, code com. Des sociétés auxquelles elle s'applique. Associés solidaires ou non. Associés liquidateurs et non liquidateurs.

Section VIII.

Sociétés à capital variable.

Section IX.

Sociétés de crédit agricole.

Section X.

Tontines et sociétés d'assurances sur la vie. Autres sociétés d'assurances, à prime ou mutuelles.

Section XI.

Sociétés étrangères en France et sociétés françaises à l'étranger.

Section XII.

Associations en participation.

TROISIÈME PARTIE

FAILLITE ET LIQUIDATION JUDICIAIRE

Notions générales sur la déconfiture, la faillite et la liquidation judiciaire. Insolvabilité et cessation de paiement.

La faillite à l'étranger, spécialement en Allemagne et en Angleterre. Faillite des non-commerçants à l'étranger. Mesures préventives de la faillite en certains pays étrangers.

CHAPITRE Ier.

Jugement déclaratif de faillite ou jugement admettant la liquidation judiciaire.

Nécessité d'un jugement préalable émané du tribunal de commerce. Faillites non déclarées. — Comment le jugement déclaratif de faillite ou admettant la liquidation judiciaire peut-il être provoqué. Faillite ou liquidation judiciaire des sociétés. Faillite ou liquidation judiciaire après décès. — Conditions pour prononcer la faillite ou admettre la liquidation judiciaire. Cessation des paiements.

CHAPITRE II.

Conséquences du jugement déclaratif de faillite ou admettant à la liquidation judiciaire. — Report d'ouverture de la faillite.

Effets du jugement :

1) Dans l'avenir :

a) Dessaisissement ; son caractère et sa portée. Liquidation judiciaire.

b) Suspension des poursuites individuelles ; procédure collective, Liquidation judiciaire, loi du 4 avril 1890. Créanciers exceptés.

c) Déchéance du terme.

d) Arrêt du cours des intérêts. Difficulté produite par la combinaison de l'arrêt du cours des intérêts et de la déchéance du terme.

e) Hypothèque au profit de la masse.

f) Interdiction de prendre inscription de privilèges ou hypothèques. Des inscriptions qui échappent à cette interdiction. Du privilège du vendeur d'immeuble et de son droit de résolution. Autres droits, dont l'acquisition est décomposée en deux parties.

g) Incapacités frappant le failli ou le liquidé.

2) Dans le passé. Période suspecte.

a) Nullités de droit de l'art. 446, code com.

Donations, constitutions de dot ; paiements ; hypothèques, privilèges et nantissement.

b) Nullités facultatives de l'art. 447, code com. Comparaison avec l'action paulienne de l'art. 1167, code civ. — Actes judiciaires.

Situation particulière faite par l'art. 449, code com. au porteur d'effets de commerce. Cas d'application de l'art. 449.

c) Nullité des inscriptions d'hypothèques et de privilèges de l'art. 448 § 2, code com.

Application des nullités des art. 446 et suiv. à la liquidation judiciaire.

Distinction des nullités des art. 446 et suiv., établies dans l'intérêt de la masse, et des nullités des art. 597 et 598, code com. d'un caractère absolu.

CHAPITRE III.

Mécanisme de la faillite et de la liquidation judiciaire.

SECTION 1re. — *Personnes qui figurent.*

Le failli ou le liquidé. — Les créanciers. — — Les contrôleurs. — Les syndics ou liquidateurs. — Le juge commissaire. — Le tribunal de commerce. Voies de recours contre les jugements en matière de faillite ou de liquidation judiciaire, spécialement contre le jugement déclaratif de faillite ou de report d'ouverture. — Le ministère public.

Section II. — *Procédure destinée à préparer la solution de la faillite ou liquidation judiciaire.*

1) Mesures urgentes préalables, pour l'administration du patrimoine du failli ou liquidé.

2) Procédure en vue de préparer la solution.

a) Constatation de l'actif. Scellés et inventaire.

b) Constatation du passif. Droits réels et droits de créance invoqués contre la faillite ou liquidation judiciaire. Vérification des créances ; admission, contestation, sursis, admission provisionnelle.

CHAPITRE IV.

Solutions de la faillite ou de la liquidation judiciaire.

Section I. — *Le concordat.*

1) Concordat judiciaire.

Définition, conditions de formation (majorité requise ; homologation judiciaire, absence de banqueroute frauduleuse).

Effets du concordat. Comparaison des remises concordataires avec la remise de dette,

Annulation et résolution du concordat. Comparaison entre ces deux causes de destruction du concordat.

2) Concordat amiable.

SECTION II. — *L'Union.*

Fonctionnement de l'Union. Spécialement, de la réalisation de l'actif et de la surenchère à la suite de l'adjudication des immeubles.

Répartitions entre les créanciers. Concours de créanciers chirographaires et de créanciers munis de sûretés.

SECTION III. — *Concordat par abandon d'actif, pur ou mixte.*

APPENDICE I. — Conversion de la liquidation judiciaire en faillite. Conversion facultative, obligatoire.

APPENDICE II. — Clôture pour insuffisance d'actif.

CHAPITRE V.

Des divers droits qu'on peut invoquer dans les faillites.

SECTION Ire. — *Droits de créance.*

Créanciers chirographaires. — Créanciers chirographaires munis de sûretés personnelles.

Situation du créancier, en présence de coobligés solidaires, principaux ou accessoires, tombés en faillite ou encore in bonis. Recours des coobligés les uns contre les autres.

Créanciers privilégiés ; spécialement du privilège du bailleur, loi du 12 février 1872. Restrictions apportées à sa liberté d'action et réduction de ses droits.

Section II. — *Droits de propriété.*

Marchandises déposées ou consignées. Remises d'effets de commerce. Droit du vendeur de meubles non payé ; conditions nécessaires pour qu'il conserve sa revendication ou résolution ou son droit de rétention.

Section III. — *Droits des femmes dans les faillites.*

Droits de propriété, de créance, d'hypothèque. Restriction à ces divers points de vue.

CHAPITRE VI.

Notions très sommaires sur la banqueroute et sur la réhabilitation.

QUATRIÈME PARTIE

NOTIONS SOMMAIRES DE DROIT MARITIME.

Généralités sur le droit maritime et la marine marchande. Différents intérêts qui se trouvent en conflit. Historique de la législation française. — Législations étrangères. — Unification du droit maritime.

CHAPITRE Ier.

Des navires, de leur personnel et des personnes intéressées dans les expéditions maritimes.

SECTION Ier.

Des navires ; leurs caractères, nationalité et transmission.

SECTION II.

Des gens de mer.

Engagement des gens de mer ; obligations réciproques qu'il engendre entre eux et l'armateur (salaires, privilèges des gens de mer, prescription). Du capitaine.

Section III.

Propriétaires de navires et armateurs. Copropriété des navires.

CHAPITRE II.

Du contrat d'affrètement.

Formation du contrat, preuve. Obligations respectives à la charge du fréteur, du capitaine, de l'affréteur. Privilèges attachés aux droits des parties. Prescription et fin de non-recevoir contre les actions du fréteur et de l'affréteur.

CHAPITRE III.

Des avaries et de leur règlement.

Avaries communes. Règles d'York et d'Anvers. Avaries particulières. De l'abordage, du sauvetage et de l'assistance.

CHAPITRE IV.

Des assurances maritimes et du prêt à la grosse.

Eléments du contrat, forme. Obligations respectives de l'assureur et de l'assuré. Assurances sur corps et sur facultés. Délaissement.

Prêt à la grosse. Comparaison avec l'assurance.

CHAPITRE V.

Droit des créanciers sur les navires. Garanties qui peuvent renforcer ces droits.

Droits des créanciers chirographaires. Droits de saisie, de vente. Droit de suite.

Privilèges sur les navires.

Hypothèque maritime. Comparaison avec l'hypothèque du droit civil.

www.ingramcontent.com/pod-product-compliance
Ingram Content Group UK Ltd.
Pitfield, Milton Keynes, MK11 3LW, UK
UKHW032024260826
14628UKWH00006B/2703

9 782019 628017